MOYENS

DE remédier à la disette actuelle du numéraire, de ramener l'intérêt de l'argent à un taux modéré, et de rendre, promptement, au Commerce, à l'Agriculture et aux Arts, leur ancienne activité ;

PUBLIÉS par le citoyen DOBILLY, Architecte, rue André-des-Arcs, n.º 27.

LA disette du numéraire, qui déjà paralysait le Commerce, s'est accrue depuis peu d'une manière si rapide et si effrayante; tous les canaux de la prospérité publique paraissent tellement desséchés, toutes les classes de propriétaires, commerçans et autres, sont dans un tel état d'épuisement, qu'on a lieu de craindre qu'avant peu il n'existe plus en France une seule manufacture, un seul attelier en activité. Dans un tel état de choses, l'homme attentif, qui cherche dans le silence du cabinet, à se rendre compte des événemens que l'avenir nous prépare, ne peut s'arrêter, sans frémir, sur les suites fâcheuses qui doivent nécessairement résulter de cette sombre apathie, de ce farouche désespoir, qui s'emparent de tant d'individus malheureux à qui tous les moyens d'existence semblent échapper à la fois.

En effet, à quels désordres ne doit-on pas s'attendre, si

tout-à-coup une foule de bras, destinés à l'industrie, se trouvent condamnés à l'oisiveté ? Et comment arracher à la faim cette classe laborieuse, si le fabricant, si le propriétaire, condamnés eux-mêmes à l'inertie, sont encore réduits à l'impuissance de s'acquitter envers leurs créanciers, et ne peuvent leur offrir que des larmes ; à moins d'acheter à grands frais quelques légers secours de ces cruels vampires, qui fondent leur fortune sur le malheur public, et qui bientôt auront achevé de consommer leur ruine ? N'est-ce pas pour avoir trop long-tems employé de tels moyens, qu'aujourd'hui presque toutes les branches de la société se trouvent à la fois frappées de stérilité, et ne peuvent même fournir au gouvernement l'aliment journalier qu'il a lieu d'en attendre ! Loin d'encourager de nouveau l'agiotage, loin de lui offrir de nouvelles victimes à dévorer, qu'il soit au contraire pour jamais anéanti ; combien il est important de soustraire promptement à l'avidité de ce monstre, les restes de la fortune et du crédit public ! car on voudrait envain le dissimuler, le calme apparent dans lequel chacun semble attendre un adoucissement aux angoisses qui le tourmentent sourdement, n'aura été que le précurseur d'une secousse violente et terrible, si on ne se hâte de rendre au Commerce, à l'Agriculture, aux Arts, leur ancienne activité, en établissant une circulation qui alimente et vivifie toutes ces parties.

Mais que faut-il pour parvenir à ce but, qui doit faire l'objet de la première sollicitude des gouvernans ? Employer des moyens simples dans leurs combinaisons, efficaces dans leurs effets, et dont la bonté des résultats puisse être si facilement démontrée aux yeux de tous, qu'ils forcent à la confiance, sans laquelle on ne devra jamais espérer de succès.

Un projet de finance établi sur de pareilles bases , dans lequel on appercevrait que ses auteurs n'ont songé qu'à l'utilité générale, sans aucune vue particulière de s'enrichir, qui offrirait de grandes ressources à l'industrie, sans choquer les intérêts de qui que ce soit, excepté ceux des usuriers et des agioteurs ; ce projet, dis-je, ne pourrait manquer de se concilier bientôt la confiance générale, et ferait cesser cette douloureuse anxiété dans laquelle chaque individu, n'ayant devant soi que la perspective très-prochaine d'une misère effrayante, calcule aujourd'hui combien de jours encore les débris malheureux de ses anciennes économies peuvent le faire exister.

Le projet que nous allons soumettre au Lecteur, atteindrait, je pense, ce but : il est d'une exécution prompte et facile ; il peut éviter à la France une grande partie des maux dont elle est menacée, si les gouvernans mettant à part toute rivalité minutieuse, tout intérêt particulier, pour ne s'occuper que de l'intérêt général, ne dédaignent pas d'adopter un plan qui, pour être sorti de l'imagination d'un citoyen obscur, n'en doit pas moins être accueilli, dès qu'il leur présente, pour faire le bien, un moyen efficace, que la multiplicité des affaires les avait empêché d'appercevoir.

Ce moyen consiste dans la formation, sous la surveillance immédiate du gouvernement, d'une *Banque territoriale, hypothécaire.* Beaucoup de gens vont s'écrier, que ce moyen n'est pas nouveau; que, parmi divers projets de-finance, il existe depuis long-tems celui d'une banque territoriale : je le sais ; mais, loin de vouloir nuire aux auteurs de ce projet,

A 2

dont les détails nous sont entièrement inconnus, et qui sans doute ont rencontré de grands obstacles dans leur exécution, puisque cet établissement, tant désiré, et plus que jamais nécessaire, est encore à se former; loin de vouloir en aucune façon rivaliser avec eux, c'est avec le plus pur désintéressement que nous leur abandonnons le fruit de nos réflexions; trop heureux, si nous pouvons concourrir à lever les difficultés qui jusqu'ici les ont arrêtés, et déterminer le gouvernement, pour son propre intérêt, à les seconder de tout son pouvoir.

FORMATION DE LA BANQUE.

La Banque serait autorisée à faire fabriquer, sous la protection et surveillance immédiate du gouvernement, des billets jusqu'à la concurrence d'une valeur de *Douze cents millions*, somme qui nous paraît suffisante, mais qu'on pourra, dans tous les tems, et sans le moindre inconvénient, porter beaucoup plus haut, si les besoins du commerce l'exigeaient.

La fabrication de ces Billets s'effectuerait d'après la combinaison suivante :

Pour 500 millions de 125 francs.

Pour 400 millions de 250.

Pour 200 millions de 500.

Pour 100 millions de 1000.

Valeur totale... 1200 millions à mettre en circulation.

Émission des Billets, à titre de prêt, avec hypothèque spéciale.

Ces Billets seraient d'abord répartis par proportion dans

les différentes caisses des receveurs de chaque département, ou caisses particulières instituées à cet effet : l'émission s'en ferait, *à titre de prêt*, par chacune de ces caisses; alors la banque deviendrait, envers le public, caution solidaire des emprunteurs, ayant elle-même, pour cautions, autant d'immeubles, sur lesquels elle acquièrerait première hypothèque : avec de telles sûretés, ces billets ne peuvent manquer d'être admis dans le commerce, et d'obtenir une prompte circulation.

Constitution de l'hypothèque.

TOUT propriétaire, qui désirerait former un emprunt, s'adresserait à la caisse la plus voisine du lieu où serait situé l'immeuble sur lequel il voudrait hypothéquer son emprunt : des experts, nommés à cet effet dans chaque canton, dresseraient préalablement procès-verbal d'estimation de l'immeuble, avec désignation spéciale de sa nature, du lieu où il serait situé, de son produit annuel. ainsi que des charges et hypothèques dont il pourrait être déjà grevé.

Ce procès-verbal, bien et dûment certifié par deux experts, serait adressé aux administrateurs qui auraient ordonné l'estimation : ils statueraient de suite sur le *maximum* du prêt qui pourrait être fait, en prenant pour base le tiers de la valeur de l'immeuble, d'après l'estimation, toutes charges et hypothèques antérieures déduites; alors, conformément aux engagemens qui seraient contractés, au bas de ce même procès-verbal, par l'emprunteur, il lui serait délivré, pour même valeur, des billets portant hypothèque spéciale sur l'immeuble qui y serait désigné, sous les signatures dudipropriétaire, des administrateurs en chef et caissier particulier, qui, tous, auraient fourni caution, et deviendraient solidaires envers le public pour l'acquittement des billets à leur échéance.

Conditions du prêt.

L'EMPRUNTEUR, pour tous droits, serait tenu de payer annuellement à la caisse, qui lui aurait fourni valeur en billets, cinq pour cent d'intérêt, pendant tout le tems que ces billets auraient cours : cette somme serait exigible en numéraire, et toujours une année par avance; de manière que le paiement de la première année d'intérêts aurait lieu à l'instant même du prêt.

Le montant du produit de ces intérêts formerait une masse plus que suffisante pour asseoir la solvabilité des caisses, et subvenir à tous les ffais de régie, estimations, droits d'enregistrement, frais de poursuites, et autres dépenses à faire pour opérer le remboursement des billets à l'époque de leur échéance.

Mode de remboursement.

A compter du jour de l'échéance stipulée au corps des billets, ils cesseraient d'avoir cours dans le commerce.

Le remboursement s'en ferait aux derniers porteurs, et à bureau ouvert, par les différens caissiers de chaque département, avec les fonds qui auraient été versés entre leurs mains par chacun des emprunteurs, un mois avant l'échéance stipulée au corps du billet : mais, à défaut par les emprunteurs d'avoir satisfait à leurs engagemens, les billets seront acquittés des deniers de la banque, qui, dès ce moment, serait, de droit, autorisée à faire procéder, sans délai, à la mise en vente de l'immeuble, sur lequel seraient hypothéqués les billets qu'elle aurait acquittés de ses deniers; et, sur le produit de la vente, elle se rembourserait de ses avances, ainsi que des intérêts dûs depuis le jour de l'échéance, toujours stipulés au même taux, en outre, de tous frais de poursuites auxquelles les débiteurs auraient donné lieu.

Époques des remboursemens.

L E remboursement de ces billets serait partagé en quatre époques, d'année en année, dont le premier quart, à un an fixe du jour auquel la publication de la paix aura lieu, et le reste en trois paiemens égaux, à la fin des trois années suivantes.

Quant aux prêts qui auront lieu postérieurement à la publication de la paix, le remboursement s'en fera de même en quatre époques; mais le premier quart, à un an fixe du jour où l'engagement aura été contracté; le reste en trois paiemens égaux, d'année en année.

Ce délai n'entraîne aucun inconvénient, et laisse aux entrepreneurs tout le tems nécessaire pour améliorer leurs affaires : c'est ainsi, qu'en leur procurant des secours réels et peu onéreux, on donnera tout à-la-fois de grandes facilités au commerce, par la circulation de ces billets, qui remplaceront avec avantage ceux anciennement connus sous le nom de *Caisse d'Escompte*, puisque chacun des porteurs aura pour sa garantie un immeuble spécialement hypothéqué,

(8)

dont la valeur excédera toujours des deux tiers le montant
du plus haut prêt qui pourrait être fait, et, en outre, la caution
solidaire des administrateurs et caissiers de la banque.

Échange des Billets en numéraire, avant l'époque
du remboursement.

On a dû voir par la combinaison des différentes valeurs
de ces billets, déterminée à l'article : *Formation de la Banque,*
que nous avons eu principalement en vue d'en rendre la circulation facile, en multipliant les petites sommes, et d'ôter
aux agioteurs tout moyen de brigandage. Ce qui doit achever
de ruiner à cet égard leurs infâmes spéculations, c'est la
facilité que les porteurs auront, pour subvenir à leurs besoins
journaliers, d'en pouvoir échanger une partie contre du
numéraire, dans les différentes caisses de la banque,
moyennant un escompte de demi pour cent du montant
des billets, à telle époque qu'ils soient de leur échéance :
la banque ne peut manquer d'avoir toujours assez de numéraire
en caisse, tous ses frais prélevés (1), pour fournir à cet
échange, puisque, dès la première année, elle doit réaliser
dans son ensemble, par l'émission totale de ses billets, un
capital de soixante millions provenant de l'intérêt qui lui sera
payé au moment du prêt ; capital qui s'accroîtra sans cesse par
les nouveaux intérêts à payer chaque année, et par l'escompte
de demi pour cent qu'elle prélèvera, lors de l'échange des
billets en circulation. Ce principe une fois posé et reconnu,

____

(1) Ces frais, supputés au plus haut, n'excèderaient pas 12 millions.

la confiance s'en augmente encore; et l'échange des billets se fera le plus souvent de particulier à particulier, au même taux de la banque, sans aucun déplacement.

CONCLUSIONS.

POUR tirer de ce projet tout l'avantage dont il est susceptible, et lui procurer la confiance qu'il ne peut manquer d'obtenir, il ne faut que laisser cette confiance s'établir naturellement, sans avoir recours à aucuns moyens de rigueur pour donner à ces billets cours forcé dans le commerce : cet apperçu a dû suffisamment faire connoître que ceux qui les accepteraient ne pourraient, dans aucun cas, courir le moindre risque; et si le gouvernement, lui-même, comme nous n'en doutons pas, consent à les admettre en paiement des contributions et autres droits dûs par les porteurs, cette forte impulsion ne pourra sans doute qu'accélérer et même augmenter le crédit de ces billets, qui rentreraient bientôt en circulation par les paiemens que le gouvernement lui-même aurait à faire dans les différens départemens.

C'est, sans doute, entrer dans ses vues, que de lui indiquer un moyen qui seul peut tirer le commerce de la désolante inertie dans laquelle il est tombé, et sauver des milliers d'individus d'un désespoir prochain, en offrant de promptes ressources à tous les genres d'industrie, et forçant les capitalistes usuriers, auxquels tant de malheureuses victimes n'auraient plus besoin d'avoir recours, de mettre leurs capitaux à un taux plus modéré.

Si le tableau que nous venons d'offrir des maux auxquels la France est aujourd'hui en proie, et qui, en s'aggravant de jour en jour, pourraient devenir sans remède, pour peu qu'on tardât à s'occuper de leur guérison; si, dis-je, ce tableau paraît un peu rembruni, on ne pourra cependant le taxer d'exagération, car il est à peine esquissé; mais il est consolant du moins de pouvoir, en même tems, reposer nos lecteurs sur une perspective plus riante, sur un avenir de bonheur qu'il est si facile de réaliser, même au milieu des tourmentes qui nous agitent, puisque l'exécution de ce projet n'exige en quelque sorte aucune avance de fonds, et que, loin de mettre l'intérêt du gouvernement en opposition avec celui des particuliers, il assure l'un par l'autre.

En effet, n'offre t-il pas au gouvernement, en échange des soins qu'il aura donnés pour en assurer la réussite, des ressources immenses dans la prompte rentrée des contributions, dans l'augmentation progressive du produit journalier des droits de timbre et octrois, aujourd'hui presque réduits à zéro; et certes l'évidence de ces ressources est bien démontrée, si, comme j'en suis convaincu, on ne peut contester le mouvement rapide que ces billets, mis en circulation, doivent donner aux affaires, en vivifiant également le commerce, l'agriculture et les arts.

Les premières idées de ce projet m'ont été données par le citoyen *Robert Pialut*, propriétaire: au moyen de quelques modifications, il m'a semblé offrir tant d'avantages, qu'après m'être livré avec ardeur aux divers développemens nécessaires, pour démontrer la possibilité de son exécution, et en assurer la réussite , confirmé de plus en plus dans l'opinion que j'en avais conçue, je n'ai pas cru devoir différer un seul instant à le publier.

Puissent tous les propriétaires y voir également une source féconde de bonheur et de prospérité ! Puisse le gouvernement, entraîné par un concert unanime de vœux, et par le sentiment des besoins du peuple, dont les intérêts sont intimément liés aux siens, adopter sans délai ce moyen de restauration pour toutes les fortunes; le seul, peut-être, qui puisse sauver la France de la crise prochaine dont elle est menacée!

Les bases générales que nous avons fait connaître dans ce court exposé, suffiront sans doute au lecteur instruit, pour apprécier ce projet, qui convient à tous les tems, à tous les lieux, et qui n'a plus besoin que d'être sagement combiné dans quelques détails d'exécution, sur lesquels nous n'avons pas cru devoir nous étendre davantage.

A PARIS, DE L'IMPRIMERIE DE CAILLEAU, Éditeur-Propriétaire du MERCURE DE FRANCE, rue de la Harpe, N.º 461, en face de celle des Cordeliers.

Et se distribue chez l'Auteur, Architecte, rue André-des-Arcs, N.º 27.

à la justice.

Réunissant tous les [illegible] qui [illegible] [illegible]
[illegible]
[illegible]
des bases de propre[illegible] [illegible] sont [illegible]
[illegible] [illegible] [illegible] [illegible]
pour [illegible] [illegible] qui [illegible]
la France [illegible]
Les bases [illegible] sommaire dans ce
cadre exposé, [illegible] lecteur instruit, pour
apprécier ce projet, [illegible] tous les tems, à tous les
lieux, [illegible] [illegible] [illegible] [illegible]
dans [illegible] [illegible] [illegible] mais [illegible]
[illegible]